Steinmeer und Siebenstern · Fichtelgebirge

BAYERISCHE STÄDTE UND LANDSCHAFTEN   FICHTELGEBIRGE

Steinmeer und Siebenstern

Gerhard Bayerl · Manfred Schultes · Bernhard Setzwein

BUCH & KUNSTVERLAG OBERPFALZ

Die Deutsche Bibliothek – CIP-Einheitsaufnahme

Ein Titeldatensatz für diese Publikation ist bei
Der Deutschen Bibliothek erhältlich.

© 2000 Buch & Kunstverlag Oberpfalz
Wernher-von-Braun-Straße 1, 92224 Amberg
Buchgestaltung: Günter Moser
Text: Bernhard Setzwein
Fotos und Bildtexte: Gerhard Bayerl, Manfred Schultes
Lithos: TOMTOM-Media, Amberg
Herstellung: Druckhaus Oberpfalz, 92224 Amberg

ISBN 3-924350-84-1

Umschlagbild: Die Felsengruppe Drei Brüder beim Rudolfstein
Innentitel: Blick von der Klause zur Kösseine
Rücktitel: Aussicht von der Platte zum Ochsenkopf
Vorsatzbild vorne: Im Felsenlabyrinth der Luisenburg
Vorsatzbild hinten: Sicht vom Nußhardt zum Schneeberggebiet

Stille Gipfelschönheit und Winkelwelten im Tal

*„In diesen Gegenden ist alles still, wie in erhabnen
Menschen. Aber tiefer, in den Tälern,
nahe an den Gräbern der Menschen
steht der schwere Dunstkreis der Erde
auf der einsinkenden Brust, zu ihnen nieder
schleichen Wolken mit großen Tropfen
und Blitzen, und drunten wohnt der Seufzer
und der Schweiß."*

Jean Paul: „Die unsichtbare Loge"

Fichtelgebirge: Land der imposanten Nulltausender. Sie haben sich ja so angestrengt, der Nußhardt mit 972 Höhenmetern, der Seehügel mit 953, die Kösseine mit 939 oder der Waldstein mit 877. Aber wirklich geschafft haben den Sprung über die Tausendermarke nur der Ochsenkopf (1024 m) und der Schneeberg (1053 m). Aber spielt das überhaupt eine Rolle, wo doch diese Landschaft mit anderen Attraktionen aufs verschwenderischste ausstaffiert ist? Die gigantischen Felsformationen auf der Platte (885 m) oder am Rudolfstein (866 m) zum Beispiel, sie entschädigen doch mühelos für die paar fehlenden Höhenmeter. Stundenlang könnte man da sitzen, vor den Granitgiganten des Blockmeeres – wenn man Glück hat, angeleuchtet von einem milden, rötlichen Abendlicht –, und unweigerlich drängen sich dann Spintisierereien auf, welche Gestalt das nun wieder sein könnte, die sich da im Stein versteckt, regungslos. Ein alter Mann? Ein Rudel Wildschweine? Eine käthe-kollwitzhafte Figurengruppe, Mutter mit Kindern, geduckt dastehend im frischen Höhenkammwind?
Das sind die stillen und erhabenen Seiten dieser Landschaft. In den Tälern unten dann Seufzer und Schweiß. Ob das in den Bergwerken des Mittelalters war oder in den Steinbrüchen, in den aufgelassenen wie in den bis heute betriebenen, ob im Zinntagebau oder in den Porzellanfabriken: leicht und ganz ohne Schweiß haben sich die Fichtelgebirgler ihr Brot bestimmt nie verdient. Auch dies ist das Fichtelgebirge: Land der Plackerei und der krumm gewerkelten Rücken.
Manch anderes Attribut ließe sich noch finden für diese Region, deren Name, es gibt da verschiedene Theorien, vielleicht gar nichts mit der Fichte zu tun hat, sondern mit dem heiligen Veit. Wie dem auch sei, für mich ist das Fichtelgebirge, und das wird jetzt manchen vielleicht überraschen, vor allem eines: Jean-Paul-Land. Als ich das einem Hiesigen sagte, meinte der, Jean Paul, der große Erzähler aus Wunsiedel, habe doch aber kaum das Fichtelgebirge beschrieben. Nun, wie man's nimmt. Die Vorrede zu „Die unsichtbare Loge" ist in der Tat eine der wenigen Stellen im kaum zu überblickenden Prosakosmos jeanpaulscher Romane, die explizit im Fichtelgebirge angesiedelt ist. Das Zitat, das diesem Kapitel als Motto voransteht, stammt daraus und bezieht sich auf Ochsenkopf und Schneeberg, zwischen den beiden Gipfeln ist Jean Paul nämlich, während er die Vorrede schreibt, unterwegs. Dann gibt es noch die

kleine, kaum bekannte Erzählung „Des Rektors Florian Fälbel und seiner Primaner Reise nach dem Fichtelberg", die zwar mit den köstlichsten Bosheiten über die Fichtelgebirgler aufwartet, die aber – typisch jeanpaulsch – nie an ihrem eigentlichen Ziel ankommt, auf dem Ochsenkopf nämlich, den man früher Fichtelberg nannte. Den habe ja bereits der Hofer Gymnasialrektor Johann Theodor Helfrecht 1799 in seinem „Versuch einer geographisch-mineralogischen Beschreibung des Fichtelgebirges" gewürdigt, da brauche er es ja nicht noch einmal tun, läßt Jean Paul seinen Rektor Fälbel zum abrupten Schluß der Erzählung sagen.

Magere Ausbeute also, möchte man meinen, geht man mit dem Suchbegriff *Fichtelgebirge* über Jean Pauls mehrtausendseitiges Werk. Und dennoch behaupte ich: Jean Paul hat nur über das Fichtelgebirge geschrieben, wo er 1763 in Wunsiedel zur Welt kam. Über sein inneres Fichtelgebirge, über jene Bilder, Gerüche, Laute, wie er sie aufgesogen hat nicht nur in Wunsiedel, sondern auch in Schwarzenbach, wo er seine Schulausbildung erhielt und wohin er später, nach dem Studium in Leipzig, als Hofmeister, also Privatlehrer reicher Leute, zurückkehrte. In Joditz, wo sein Vater eine Pfarrstelle innehatte, wuchs er auf, in Töpen war er eine Zeitlang Hauslehrer. Das liegt alles hart am Rande des Fichtelgebirges, durch das er immer wieder seine Romanhelden schickt, sie wandern durch Gefrees und Berneck, durch Münchberg und Kirchenlamitz. So zum Beispiel der Armenadvokat Firmian Stanislaus Siebenkäs aus dem Reichsmarktflecken Kuhschnappel. Den wird man auf einer Wanderkarte fürs Fichtelgebirge vergebens suchen, Jean Paul hat ihn nämlich erfunden. Und dennoch liegt Kuhschnappel irgendwo im Dreieck zwischen Berneck, Waldstein und Wunsiedel und ist seitdem mein Inbegriff fichtelgebirglerischer Winkelwelten.

Jean Paul also, von dem ich behaupte, er habe das Fichtelgebirge innerlich nie wirklich verlassen, soll unser Begleiter sein für die kommenden Seiten und zwar nicht nur in den die einzelnen Kapitel eröffnenden Zitaten, sondern auch als Ideengeber, Stichwortleiher, als ein durch zwei Jahrhunderte distanzierter Beobachter, der uns zu einem verfremdenden und somit erhellenden Blick verhelfen kann.

Zugegeben: Jean Paul liegt ziemlich abgelegen in der deutschen Literatur. Zu ihm verlaufen sich nur wenige, dann aber oft gleich ganz und gar verfallene Leser. Ähnlich ist es mit dem Jean-Paul-Land, mit dem Fichtelgebirge. Es liegt auch nicht unbedingt im Zentrum massentouristischer Beachtung, und so mancher legt es nicht nur an den Rand, sondern schiebt es gleich ganz vom Fremdenverkehrsteller Bayern hinunter. Als die Chemiefabrik in Marktredwitz Mitte der 90er Jahre endgültig abgerissen werden mußte, reiste ein Fernsehteam an und machte eine Reportage über diesen Abwicklungsfall. Von einer großen, wahrscheinlich im Westen oder Norden der Republik redaktionell betreuten Fernsehzeitung wurde dann angekündigt, der Film zeige das Schicksal des durch und durch maroden Marktredwitzer Chemiekombinats auf dem Gebiet der ehemaligen DDR! („Grubenhunde" nannte Karl Kraus einmal solche Zeitungsmeldungen, nachdem ihm der Fall eines Bergwerksunglückes untergekommen war, bei dem verschüttete Bergleute in den sogenannten Grubenhunden aus dem eingestürzten Schacht gerettet worden sein sollen, ehe sich dann nach und nach herausstellte, daß es keine Grubenhunde waren ... bei einem Unglück, das gar nicht stattgefunden hatte ... in einem Bergwerk, das überhaupt nie existierte. Diese kleine Anekdote muß erzählt werden im ehemaligen Bergbauland Fichtelgebirge.)

Das Fichtelgebirge mit seinem dichten, gut ausgeschilderten Wegenetz ist ein Paradies für Wanderer. Das hat übrigens schon vor über 300 Jahren Magister Johann Will, Pfarrer aus Creußen, festgestellt, der das Fichtelgebirge durchstreifte und seine Reiseeindrücke 1692 unter dem Titel „Das Teutsche Paradeiß in dem vortrefflichen Fichtelberg" veröffentlichte. Ihm folgten noch viele fußwandernde Fichtelgebirgs-Erkunder nach. Zum Beispiel die beiden Studenten Ludwig Tieck und Wilhelm Heinrich Wackenroder, die im Juni 1793 schier überwältigt waren von der landschaftlichen Unberührtheit des Fichtelgebirges, und die Burgruinen und Granitblockmeere, die in Talmulden hineingeduckten Dörfer und das Felsenlabyrinth der Luxburg als Inbegriff einer romantischen Naturlandschaft empfunden haben werden. Fast streckten sie ihre Schreibfedern vor dieser Schönheit und gestanden ein, mit literarischer Reisebeschreibung sei hier nichts mehr auszurichten. Da müsse man schon selber schauen! „Die sinnlichen Schönheiten fürs Auge können nur durchs Auge, im Original der Natur, [...] vollkommen empfunden werden", schreibt Wackenroder in seinem dann doch wortreich ausmalenden „Bericht über die Pfingstreise mit Ludwig Tieck". Eine Einschränkung macht er allerdings, die „Nachahmungen des Pinsels", die Landschaftsmalerei, die könne vielleicht auch denen einen Eindruck vermitteln, die nicht das Glück haben, das „Paradeiß" des Fichtelgebirges selbst bereisen zu können. Heutzutage gibt es dafür ja die Farbfotografie, die längst an die Stelle der Landschaftsmalerei getreten ist. Und wenn zwei Könner wie Gerhard Bayerl und Manfred Schultes hinter der Kamera stehen, dann werden uns Panoramen und Veduten hingezaubert, die hoffentlich als Einladung verstanden werden, das Land rund um den Schneeberg, den Ochsenkopf und die Kösseine doch bitte selbst zu erkunden.

Vielleicht gelingt es uns auf- und abgeklärten Zeitgenossen ja doch noch in einigen wenigen, glücklichen Momenten, uns von einer Landschaft wie dem Fichtelgebirge so überwältigen zu lassen, wie sich der Empfindungskünstler Jean Paul samt seinem vielköpfigen Romanpersonal wieder und wieder überwältigen ließ.

Die Jean-Paul-Büste von Ludwig von Schwanthaler in Wunsiedel.

Man steht einfach staunend und mit offenem Mund vor seinen seitenlangen Landschaftsbeschreibungen. Er hatte aber auch seine Tricks, um Wirkung zu erzielen. In der „Unsichtbaren Loge" zum Beispiel beschreibt er, wie er sich mit geschlossenen Augen in einer Sänfte auf den Schneeberg tragen läßt, „weil ich erst auf der Kuppel des Fichtelgebirges mich umsehen will". Die ganze Schönheit der Landschaft sollte also unvorbereitet, unvermittelt, wie eine sofort mit „Tutti" einsetzende Ouvertüre auf ihn einwirken. Ich fürchte allerdings, Jean Paul würde die Augen gleich wieder zumachen, sähe er, wie sich die Kuppel des Schneeberges heute gestaltet. Eine verlassene militärische Abhöranlage erwartet uns hier, ein Lauschturm von schier unzerstörbarer Dauer: atombombensicher wurde er betoniert, und mit seinen Fundamenten, so heißt es, reiche er genauso weit in die Erde hinein, wie er oben in den Fichtelgebirgshimmel hinausragt. Ein Mahnmal, das erinnert, wie festzementiert Doktrinen sein können. Partout niemand konnte sich damals anscheinend vorstellen, daß man eine solche Überwachungsanlage irgendwann vielleicht nicht mehr brauchen würde, sie sollte, im bittersten Sinne des Wortes, eine Ewigkeit halten. Und jetzt haben wir sie und werden sie nicht mehr los (von den Hunderttausenden Mark Instandhaltungskosten pro Jahr gar nicht zu sprechen). Es macht einen schon sehr nachdenklich, sich vorzustellen, wieviele Generationen es dauern wird und ob es überhaupt noch einmal so weit kommt, daß der Schneeberg wieder so aussieht, wie ihn einst Jean Paul sah. „Unter dem Aufsteigen strömte vor meinem Gesicht eine ätherische Morgenluft vorüber; sie drückte mich nicht mit dem schwülen West eines Trauerfächers, sondern hob mich mit dem Wehen einer Freiheitsfahne."

Eine verkrüppelte Wetterfichte trotzt am Nußhardt der rauhen Witterung im Hohen Fichtelgebirge.

Von der Schüssel, einem vielbesuchten Aussichtsfelsen auf dem Großen Waldstein, hat man eine herrliche Rundsicht.

Über den sanften Linien der Wälder liegt das Dorf Wülfersreuth, dahinter steigt der Schneeberg an, mit 1053 Metern die höchste Erhebung des Gebirges.

Nur selten gibt der dunkle Fichtenhochwald den Blick frei zum Gipfel des Ochsenkopfes, der mit 1024 Metern ebenfalls die Tausender-Grenze übertrifft.

Im Morgendunst geht der Blick von der Burg Hohenberg über das Egertal, welches hier nicht mehr so rauh wirkt wie das zuvor durchflossene Bergland. Das Dörfchen Fischern taucht in der Ferne auf.

Der Wackelstein gehört zu den Zigeunersteinen am Kornberg und läßt sich mit einer Stange bewegen.

Die mächtigen Felsentürme am Rudolfstein aus granitenen „Matratzen" sind ein Werk der Verwitterung.

Von der „ungeheuern Größe" des Felsenlabyrinths der Luisenburg zeigte sich Goethe 1820 stark beeindruckt.

Am Schneeberghang entstand aus einer Unzahl von kantigen Granitbrocken das Blockmeer des Habersteins.

Wirr aufgeschichtete, teils senkrecht stehende Felsklippen bilden die markante Nußhardtgruppe. Eine Höhle an ihrem Fuße, die „Nußhardtstube", bot früher zu Kriegszeiten Unterschlupf.

Die viele Millionen Jahre dauernde geologische Entwicklung machte das Fichtelgebirge zu einer „steinreichen Ecke". Ein Beispiel der Mineralienvielfalt: Saleeit und Phosphuranylit aus der umfangreichen Sammlung des Fichtelgebirgsmuseums.

In gut zwanzig Steinbrüchen arbeiteten früher mehrere hundert Steinhauer am Epprechtstein. Er war der „Brotberg" der Umgebung; jetzt wird hier nur noch in diesem Bruch Granit abgebaut.

Nach einem Gewitterregen am Wurmlohpaß bei Nagel ziehen dunkle Wolken in Richtung Kösseine. In der Nähe verlief einst die Grenze zwischen der bayerischen Oberpfalz und der brandenburgischen Markgrafschaft Bayreuth.

Die ungewohnte Sicht aus einem Heißluftballon und das späte Licht modellieren aus dem abgeernteten Getreidefeld ein kunstvolles Linien- und Formenspiel.

"Weil der Himmel so angenehm und die Luft so heiter", diese Worte aus einem 1763 auf der Luisenburg aufgeführten Lustspiel passen gut zur anmutigen Landschaft bei Wunsiedel.

Die alte Handelsstraße bei Leupoldsdorf ist
an den tiefen Hohlwegen im Wald zu erkennen.

Mit kräftigem Wurzelgewirr klammern sich
riesige Fichten am felsigen Grund fest.

Der Duft des harzigen Holzes zieht im Sommer
durch den ganzen Wald.

Wie eh und je ist das Holz der natürliche Reichtum
des Fichtelgebirges.

Ein beeindruckendes Schauspiel der Natur:
Der Hochwald am Waldstein
scheint im Morgenlicht zu brennen.

Strenger Nachtfrost verzauberte die bemoosten Felsen am Waldstein in eine Tropfsteinhöhle aus Eiszapfen.

Vom benachbarten Steinwald aus gleitet der Blick über den verschneiten südlichen Teil des Gebirges mit dem Kösseinesattel und dem Luisenburgrücken.

Faszinierende Rundsicht vom Kösseinegipfel auf die fichtenblaue Gebirgskette mit Hoher Matze, Ochsenkopf, Schneeberg und Waldstein.

Bei Röslau zwängt sich die Eger schäumend und tosend zwischen bemoosten Granitblöcken hindurch.

Heilwasser aus Alexandersbad und ein geheimnisvoller See

„Die invalide beau monde, die eben den Brunnen umrang, lief mit den Bechern zu mir heran. [...] Eine hübsche Sammlung von Gesichtern! Jedes war an seinen Eigentümer als das schwarze Täfelein angeschlagen, das im Hauptspital zu Wien am Bette eines Kranken hängt und worauf dessen Klistiere, Zuckungen, Husten, Stühle und Durst verzeichnet sind."

Jean Paul: „Des Luftschiffers Giannozzo Seebuch"

Herbstliches Abendlicht vergoldet einen Badeweiher bei Tröstau.

Ganz schön böse, was Jean Paul da über die Kur- und Badegäste des von ihm erfundenen „Bad Herrenleis" schreibt, und zwar in einem seiner wildesten, tollsten und auch bezauberndsten Bücher, in der für seine Verhältnisse eher kurzen Erzählung „Des Luftschiffers Giannozzo Seebuch". Natürlich hatte der Dichter auch für seine „invalide beau monde" von Bad Herrenleis das Anschauungsmaterial direkt vor der Haustüre. Wenige Kilometer von Wunsiedel entfernt, befindet sich nämlich der Heil- und Kurort Bad Alexandersbad. Schon zu Jean Pauls Zeiten bekannt, war er vor allem im 19. Jahrhundert ein beliebter Flecken, der – wenn auch nicht so berühmt wie das nahe böhmische Bäderdreieck mit Franzens-, Marien- und Karlsbad – durchaus gepflegtes Kurleben zu bieten hatte. Und das bis auf den heutigen Tag! Aber hören wir einmal hinein in den Bericht eines Badegastes aus dem vorigen ... nein: vorvorigen Jahrhundert:

„Ich lebe im Herzen des Fichtelgebirges, im Alexandersbade bei Wunsiedel, das man als Eisenquelle, Fichtennadelbad und Kaltwasser-Heilanstalt rühmlichst erwähnt, und durchschweife die anmuthigen Thäler, wo Jean Paul's erste Jugendträume spielten, und wo einstmals auch Preußens verklärte Königin, Luise, Stunden harmloser Beglückung durchlebte. Hier will ich Genesung und neue Kräfte suchen." So schreibt es Franz Fritze 1857 in „Briefen an einen Freund", die im selben Jahr unter dem Titel „Das Alexandersbad im Fichtelgebirge. Seine Mineralquellen und Kaltwasser-Heilanstalt. Seine Lage und seine Umgebung" erschienen sind, und zwar in Berlin. Fritze war einer jener Sommerfrischler, die man noch in den 60er und 70er Jahren in Bayerns „Zonenrandgebieten" pauschal „Berliner" nannte, denn neun von zehn, die hier Urlaub machten, waren nun mal Berliner. (Berliner Schulen hatten und haben hier ihre Landheime!) Sie waren es, die den Tourismus im Fichtelgebirge, im Oberpfälzer und im Bayerwald ankurbelten.

Wenn man Franz Fritzes Büchlein liest, muß man allerdings zu dem Eindruck kommen, daß das Sommerfrischlertum schon vor 150 Jahren ein Massenphänomen zu werden begann. Sogar schon das moderne Wort „Touristen" kommt bei ihm vor. „Da ziehen sie hin, die Wandervögel, die Schaaren der Touristen, betrachten anfänglich wohl mit Interesse, bald aber, durch den steten Wechsel abgestumpft – kalt und lieblos, was sich in der schönen Natur darbietet, nur das immer Pikantere vermag sie zu reizen, und endlich kehren sie leer und öde in die Heimath zurück."

Gegen diese sehr modern anmutende Reizüberflutung empfiehlt Fritze, sich bei einer Urlaubsreise ganz einem „beschränkten Abschnitte" zu widmen, den aber bis in den kleinsten Winkel zu durchforschen. Bei ihm war das eben Alexandersbad und seine Umgebung, die mit der Luisenburg natürlich eine besondere Attraktion vorzuweisen hat. Durch eine langgezogene Birkenallee erreicht man die Luisenburg vom Bade- und Kurort aus zu Fuß.

Wie aber kam es, daß sich hier überhaupt ein solches Badeleben entwickelte? Ein Bauer mit Namen Brodmerkel aus Sichersreuth, dem das Augenlicht zu schwinden drohte, soll im Traum eine Quelle gesehen haben, und wie das bei solchen Geschichten oft ist, machte sich der Träumer auch gleich auf, das Geträumte zu suchen, und soviel Augenlicht hatte er dann doch noch, um die heilbringende Quelle auch zu finden. Im ersten Drittel des 18. Jahrhunderts soll das gewesen sein. 1741 wird die Quelle erstmals „ordentlich gefaßt", und 1783 ließ der Markgraf Alexander von Brandenburg-Bayreuth das Kurhaus in Form eines „Lustschlosses" bauen ... Alexandersbad war gegründet! Zusätzlichen königlichen Glanz bekam das fichtelgebirglerische Badeleben 1805, als das preußische Königspaar, Friedrich Wilhelm III. und Luise, in Alexandersbad kurten. Seitdem heißt auch das eisen- und kohlensäurehaltige Heilwasser „Luisenquelle". Gar so mondän wie im böhmischen Bäderdreieck scheint es hier aber nie zugegangen zu sein. Was Fritze durchaus positiv vermerkt: „Der Blasierte, für den das Badeleben nur ein Rennplatz zu rauschenden Vergnügungen, nur ein Schaufenster zum Aushängen lange aufgespeicherter Glanztoiletten ist, läßt ein solches Bad mit spöttischem Lächeln zur Seite liegen. Hier wirst Du daher immer nur den wahrhaft Hilfsbedürftigen [...] finden."

Ob das preußische Königspaar auch zu den wahrhaft Hilfsbedürftigen gehörte? Jedenfalls hat es Alexandersbad und seine Umgebung mit seinem Besuch so sehr geehrt und aufgewertet, daß man das „Felsgewühl" (Fritze) der einstigen Luxburg, wie das Felsenlabyrinth beispielsweise noch bei Wackenroder und Goethe heißt, in Luisenburg umtaufte. Und einen Obelisk errichtete man: „Denkmal der Gegenwart Friedrich Wilhelms und Louisens in diesen Thälern 1805."

Gut 100 Jahre zuvor schon hatte sich jener bereits erwähnte Pfarrer Johann Will aufgemacht, um nach einem rätselhaften Gewässer des Fichtelgebirges zu suchen, nach dem nahe dem Ochsenkopf liegenden Fichtelsee. Vor ihm hatten bereits Matthias von Kemnath und der in der Nähe von Karlsbad geborene Caspar Brusch von dem See berichtet … das heißt mehr geraunt als berichtet. Beide werden sie den Fichtelsee wohl kaum je persönlich in Augenschein genommen haben. Von seiner unzugänglichen Lage jedoch, umzogen von einem sumpfig-moorigen Uferband, werden sie gehört haben. Und wohin man nicht richtig vordringen kann, darüber kursieren dann die tollsten Geschichten. Matthias von Kemnath schreibt, der auf einem Berg gelegene See überfriere den ganzen Winter lang nicht, auch habe man dort noch nie einen Vogel oder einen Fisch gesehen. Mysteriös, dieser Fichtelsee, aus dem überdies, laut Matthias von Kemnath, gleich vier Flüsse entspringen nämlich die „schiffreichen Wasser" Eger, Main, Naab und Saale.

Johann Will wollte dem, wie gesagt, auf den Grund gehen, auf einen sehr tiefliegenden Grund, hatte Caspar Brusch doch 1542 den Fichtelsee zu einem unglaublich tiefen, fischreichen Gewässer erklärt. Als Will dann 150 Jahre später bis zum Fichtelsee vorgedrungen war, was sich in der damaligen Waldwildnis gar nicht so einfach gestaltete, sah er ganz etwas anderes und war richtiggehend ungehalten: „Was ist es denn nun vor ein See? Ein See, und doch kein See! [...] Denn man siehet darin kein Waßer, und schöpffet doch die Schuhe voll, so bald man nur ein wenig will hinein tretten."

Der Fichtelsee ist, wie alle stehenden Gewässer im Fichtelgebirge, kein natürlicher See. Ursprünglich befand sich hier ein Hochmoor, dessen Zuläufe in Form zahlreicher Rinnsale man um 1800 mit einem Damm aufstaute, um so regulierter das Wasser in die Fichtelberger Hüttenwerke leiten zu können. Ähnliche Staugewässer legte man auch an anderen Stellen an, Wasser brauchte man in Hülle und Fülle, zum Beispiel auch für den Zinnseifenabbau, der in einer Art Auswaschverfahren über Tage vonstatten ging (doch dazu später noch Genaueres).

Johann Will konnte also etwas Licht ins Dunkel des geheimnisumwobenen Fichtelsees bringen und zum Beispiel auch feststellen, daß die vier Flüsse des Fichtelgebirges mitnichten alle diesem See entspringen. Mittlerweile sind die Quellen des Weißen Mains, der Saale, der Fichtelnaab und der Eger natürlich längst in kleine Natursteinportale gefaßt, so daß die vier Quellen nun noch effektvoller aus dem Inneren des Fichtelgebirges hervortreten, um sich auf den Weg zu machen in je eine andere Himmelsrichtung. Die Wasser des Mains landen schließlich via Rhein bei Rotterdam in der Nordsee, die von Saale und Eger in der Deutschen Bucht, die Fichtelnaab aber hat den weitesten Weg, über die Donau nämlich bis ins Schwarze Meer.

Dort, wo der Fichtelsee in das sumpfige Feuchtbiotop der Seelohe übergeht, von dort aus hat man es nicht mehr weit bis zur Quelle eines Säuerlings, der seines Eisengehalts wegen eine leicht rötliche Färbung hat. Ein pyramidenförmiger Granitstein steht über der Quelle. Sie ist jenem Manne gewidmet, der uns schon die ganze Zeit über im Geiste begleitet. Weil er sich hier besonders gerne aufgehalten haben soll, heißt die Quelle Jean-Paul-Brunnen.

So singen die Fichtelgebirgler in ihrem Lied:
„Kennst du die Flüsse, die hier ausgehn,
Als Boten in alle vier Winde?
Zu laden alle, die draußen stehn,
Kommt her zu mir geschwinde:
Die Saale, die Eger, die Naab und der Main,
Ihr Ruf soll mir willkommen sein!"

Wild fließt die junge Fichtelnaab zwischen Mehlmeisel und Brand, dem Geburtsort des Komponisten Max Reger.

Der Markgrafenweg führt über die alte Lehstenbachbrücke nach Reicholdsgrün.
In diesem Ort sind alle Höfe nur auf einer Straßenseite gebaut, daher heißt es,
daß man die „Kniadla blouß aaf oiner Seitn kocht".

Der im Wald verborgene Paschenweiher beim Karches wurde als Stauweiher für die längst eingestellte Flößerei auf dem jungen Weißen Main angelegt.

Die Wurzeln des Fieberklees wurden früher als Hausmittel verwendet.

Der Sonnentau war zu Goethes Zeiten noch weit verbreitet.

Der seltene Tannenbärlapp gehört zu den ältesten Pflanzen der Erde.

Der Siebenstern ist die Symbolblume des Fichtelgebirges.

Von allen Wasserläufen hält sich die Eger am längsten im Gebirge auf. Bei der Hammermühle nahe Hohenberg wird sie schon zu einem recht munteren Fluß.

Still liegt der naturbelassene Teil des Fichtelsees am Fuße des Seehügels und ist hier, nahe der sich anschließenden Seelohe, eher ein Sumpf als ein See. Er wurde angestaut, um die Eisenhämmer an der oberen Fichtelnaab mit Wasser zu versorgen.

Der Porzellanbrunnen in Schönwald.

Die Carolinenquelle, ein Säuerling bei Hohenberg.

Der Große Porzellanbrunnen in Selb.

Der Fichtelgebirgsbrunnen am Landratsamt in Wunsiedel.

Eine geheimnisvolle Stimmung herrscht morgens im Häuselloh-Moor bei Selb. Durch den Torfabbau stark beeinträchtigt, bekam es erst durch Renaturierung seine Ursprünglichkeit zurück. Es bietet vielen Pflanzen und Tieren Lebensraum, darunter fast fünfzig vom Aussterben bedrohte Arten.

Gut fügt sich die Markgrafenbrücke aus der Barockzeit an der Krippnermühle, einem ehemaligen Hammerwerk bei Seußen, in das Tal des Kösseinebaches ein.

Der jüngste Stausee im Fichtelgebirge ist der Feisnitzspeicher bei Haid. Er dient dem Arzberger Kraftwerk als Kühlwasserreservoir und den Schwänen als Winterquartier.

Der Brunnenlöwe vor dem Historischen Rathaus in Marktredwitz weist auf die lange Zugehörigkeit der Stadt zu Böhmen hin.

Eine Art von Idylle im Naturalienkabinett

„Unsere Naturalienkabinete sind mit thierischen und vegetarischen Seltenheiten gestikt, aber wenig mit menschlichen; und schmükten nicht noch die katholischen Kirchen sich mit einigen menschlichen Naturalien, z. B. wächsernen Brüsten und Gebärmüttern, holen Zähnen und natürlichen Zöpfen aus: so würde der Name eines menschlichen Naturalienkabinets vielleicht nur meinem gebühren."

Jean Paul: „Auswahl aus des Teufels Papieren"

Das Koppetentor ist das einzig noch erhaltene Stadttor in Wunsiedel.

Zweierlei fällt einem auf, nähert man sich Weißenstadt, dem Städtchen zwischen Großem Waldstein und Rudolfstein. Da sind zum einen die Scheunen, eine neben der anderen, die man besonderer Baubestimmungen und des Brandschutzes wegen hinaus an den Rand des Ortes gebaut hat, wo sie als geschlossene Scheunenzeilen eine ungewöhnliche Straßenfront bilden. Das andere aber, was ins Auge springt, sind die vielen Erdkeller, man erkennt sie an den granitgefaßten Türstöcken, die, meist an eine Bodenwelle hingebaut, direkt ins Erdreich führen. Weit über hundert solche Erdkeller soll es in und um Weißenstadt geben.

Gar so üppige Ernteerträge wird man aber doch nicht gehabt haben, auch in Weißenstadt nicht, daß man gleich soviel erdkühlen Lagerraum gebraucht haben wird. „Die haben gesagt, sie graben einen Lagerkeller, die Bauern, in Wirklichkeit aber haben sie nach ganz etwas anderem gegraben", sagt Willi Sack und läßt uns einen Moment lang zappeln mit unseren vagen Vermutungen. „Bergkristalle haben sie gesucht", triumphiert er, und das hätte nun wirklich keiner von uns gedacht. „Heimat entdecken" nennt der Drogist im Ruhestand und jetzige Edelbrand-Destillateur seine Stadtrundgänge, die er für Fremde anbietet. Dort, wo er unter anderem die Heimat sucht und auch entdeckt, haben andere sie schon längst vergessen: im Untergrund, im Erdreich, in verschütteten Kristallgängen. Nicht nur, daß Willi Sack vor kurzem vom Weißenstädter Stadtrat ausgezeichnet wurde, weil er einen der meist arg verwahrlosten Erdkeller wieder hergerichtet hat, er hat auch ein Kapitel der Stadtgeschichte wieder freigelegt, das weitgehend verschüttet war.

Schon vor dem 30jährigen Krieg unterwühlte man den gesamten Ort mit Stollen, um an die in den Granit eingeschlossenen Quarzadern heranzukommen, in denen man mit etwas Glück herrliche Bergkristalle finden konnte. Die Außenfassaden des Lustschlosses „Eremitage" der Bayreuther Markgräfin Wilhelmine waren mit Weißenstädter Bergkristallen verziert, ehe davon nach den Kriegszerstörungen nur mehr die beiden Eingangssäulen übrigblieben. Das alles erzählt Willi Sack, während er uns in einen kleinen, wiederhergestellten Abschnitt eines Stollens aus dem 18. Jahrhundert führt ... man kann ihn vom Keller eines Wohnhauses aus erreichen, wie überhaupt früher die meisten der Weißenstädter Häuser über dieses Gängelabyrinth miteinander verbunden waren. Ein Professor für Chemie sei schon hier gewesen und habe den Radongehalt des Stollens gemessen, ohne weiteres könne man hier eine Heilstätte für Rheumakranke errichten, erzählt Willi Sack voller Stolz.

Aber das ist ja längst noch nicht alles, was der Heimatforscher im Unruhestand zu bieten hat. Als uns Willi Sack sein privates Familien- und Drogeriemuseum zeigt, bin ich mir endgültig sicher: der Mann könnte ohne weiteres in einem der Romane von Jean Paul auftreten. Der hatte nämlich ein besonderes Faible für solch außergewöhnliche Existenzen, die die Provinz, in der sie nun einmal leben müssen (und sind wir nicht alle Provinzler!) mittels einer heimlichen Leidenschaft zu einem kleinen, in sich geschlossenen Kosmos aufspannen. Der frühere Weißenstädter Drogist würde wunderbar dazupassen, zum Schulmeisterlein Wutz zum Beispiel, das sich mangels Geld seine Bibliothek selber auf kleinen Zettelchen zusammenschreibt, oder zum Armenadvokat Siebenkäs oder zum Schulrektor Fälbel, der mit seinen Primanern ähnliche Exkursionen macht wie Willi Sack mit seinen Gästen.

Als liebenswürdigen Naturalienkabinettsbesitzer und sammelwütigen Mikrokosmiker, so hätte Jean Paul wahrscheinlich den Willi Sack dargestellt, mittendrin in seiner kleinen Welt Weißenstadt. Deren Geschichte, die folglich Weltgeschichte en miniature ist, spiegelt sich in diesem wunderlichen Museum, das Willi Sack in einem Raum seines Privathauses eingerichtet hat. Dort breitet sich die Familienchronik der Sacks seit 1640 aus, dort sieht man eine alte Drogerieeinrichtung mit einem in Spiritus angesetzten Ameisenhaufen, dort begegnet einem deutsche und bayerische Geschichte etwa in Form einer beinahe kompletten Sammlung der Kino-Wochenschauen der 30er und 40er Jahre. Und jede Menge Kuriosa gibt es da, liebevoll und mit der Hand beschriftet vom Museumsbesitzer höchstselbst, wie etwa der Wandkalender der Firma Bayer aus schon ziemlich weit zurückliegenden Jahren, wo man sich noch werben traute mit menschheitsbeglückenden Errungenschaften wie E 605.

Zwei Weltkriege überstand die Drogerie Sack ... dann kamen die Supermärkte, und Willi Sack gab auf und sperrte zu. Heute betreibt er, auch das in seinem Privathaus in der Kirchenlamitzer Straße, die kleinste Destille Frankens. Man kann ihm zuschauen beim Herstellen seiner Edelliköre wie „Fichtelblut" aus Brombeeren oder „Fichtelgold", ein Likör aus 32 Kräutern nach einem streng gehüteten Rezept des Großvaters. Alles spielt sich ab in einem kleinen Raum mit Destillationsapparaten aus Kupfer, der selbst schon wieder wie ein Museum wirkt. Ist aber alles im Einsatz, was man dort an altertümlichen Geräten sieht. Auf seinen Wochenausstoß von hundert Litern ist Willi Sack mächtig stolz. Diese Menge schafft man in der Großfabrikation der wohl weltberühmten „Sechsämtertropfen" vielleicht in zehn Minuten ... allerdings ist das Wunsiedler Unternehmen vor Jahren an eine Firma in Flensburg verkauft worden, ein Schicksal, das Willi Sack sicher nicht bevorsteht. Dennoch nimmt seine Destille einen ungeahnten Aufschwung, und an ein Zur-Ruhe-Setzen ist für den Rentner aus Weißenstadt noch lange nicht zu denken.

Nun haben wir schon soviel von Jean Paul gehört und wissen immer noch wenig über ihn. Vielleicht ist jetzt der geeignete Zeitpunkt, etwas über sein Herkommen zu erzählen, das auch etwas mit fichtelgebirglerischen Winkelexistenzen zu tun hat. Geboren wurde Jean Paul am 21. März 1763 in Wunsiedel, von dem er Jahrzehnte später in seiner „Selberlebensbeschreibung" sagt: „Wie gern bin ich in dir geboren, Städtchen am hohen langen Gebirge, dessen Gipfel wie Adlerhäupter zu uns niedersehen." Frühlingsanfang also war's, und Jean Paul listet ganz idyllisch auf, was noch alles mit ihm zusammen eingetroffen sei, in diesen Märztagen: Bachstelze und Kranich, Scharbocks- und Löffelkraut. Jean Paul mußte sich an diese Naturwunder halten, andere gab es nämlich nicht für ihn. Er war in eine bitterarme Familie hineingeboren worden, sein Vater war Tertius, also nach Rektor und Konrektor dritter Lehrer an der Schule in Wunsiedel, man könnte auch sagen: er war ein Hungerleider. Seine Mutter, Tochter eines Tuchhändlers aus Hof, brachte sieben Kinder zur Welt, zwei davon wurden nicht älter als ein paar Tage. Wer also zu den Weiterlebenden gehörte, der dankte und feierte dies. Jean Paul tat es in Form einer Reihe von Erzählungen, die mit seinem ‚Kindheitsparadies' zusammenhängen, und nannte sie „Idyllen" ... beziehungsweise „eine Art Idylle", wie sein berühmtes „Schulmeisterlein Wutz".

Er wußte nämlich genau, daß es keine Idylle war. Seine Jugend und dann auch Studentenzeit war ungemein hart, er wußte oft nicht, wovon herunterbeißen, womit seine ärmlichen Unterkünfte einheizen. Ein paar wenige Jahre versuchte er sich ebenfalls als Schulmeister über Wasser zu halten wie schon sein Vater und sein Großvater, über den er geschrieben hatte: „Sein Schulhaus war ein Gefängnis bei Bier und Brot." Dann ließ er alle bürgerlichen Sicherheiten hinter sich und wurde, was er schon immer sein wollte: Schriftsteller. Einer der ersten in Deutschland, der – nach Jahren des Mißerfolgs – von seinem Schreiben leben konnte.

Jean Paul lebte kurze Zeit in Berlin und Weimar, wo er sich mit Goethe gar nicht verstand. Dann zog es ihn wieder in seine Herkunftslandschaft. 20 Jahre lebte er in Bayreuth, nicht zuletzt, weil ihm das Bier dort so schmeckte. Er wählte bewußt die Provinz als seinen Schreibort, nur von hier aus, so scheint es, konnte er zu seinen poetischen Höhenflügen ansetzen. Seine Romane gehören zu den wildesten, phantastischsten und bezauberndsten der deutschen Literatur.

Mit der Regenbogenfassade an der Porzellanfabrik Rosenthal setzte
1973 der Künstler Otto Piene in Selb, der „Stadt des Porzellans",
einen ungewöhnlichen städtebaulichen Akzent ...

... und hier findet alljährlich der größte Porzellanflohmarkt der Welt statt. Sammler können fast alles kaufen, was jemals die heimischen „Porzelliner" an Kunstvollem geschaffen haben.

In das enge Tal der Ölschnitz schmiegt sich das Kneippheilbad Bad Berneck. Die „Perle des Fichtelgebirges" ist wegen ihres milden Klimas ein beliebter Kurort.

Der Weißenstädter Drogist und Destillateur
Willi Sack in seinem Museum.

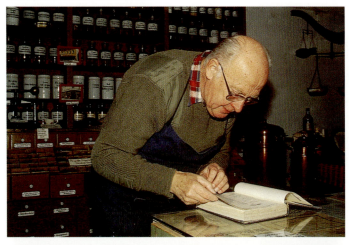

Bei Warmensteinach paßt ein Schäfer auf
seine Herde auf.

Zufrieden steht der Köhler in Neubau
am Meiler.

Die Reicholdsgrüner Bäuerin Anna Späthling erzählt
ihrer Enkelin von früher.

Die an der alten Handelsstraße von Nürnberg nach Eger gelegene Stadt Hohenberg besitzt noch viele gut erhaltene alte Gebäude: das ehemalige Forsthaus von 1768 ziert ein prächtiger Fachwerkgiebel.

Im ersten Morgenlicht: Blick vom Waldstein auf Weißenstadt. Den Weißenstädtern werden Schildbürgerstreiche zugeschrieben. So sollen sie mit einem Strick ihren Stier zum Abfressen des Grases auf die Stadtmauer gezogen haben, daher haben sie noch heute den Spitznamen „Bummlhenka".

Die Zeit ging an der alten Blechfassade bei Röslau nicht spurlos vorüber.

Der Hirschleuthof in Brandholz mit einer seltenen Rundbogentüre.

Das prächtige Tor der Ruggenmühle bei Hebanz.

Ein stattlicher Granittürstock eines Bauernhauses in Fischern.

Im Laufe der Jahre verwandelte sich die Blechverschalung eines Stadels in Grub bei Weißenstadt in eine leuchtende Farbfläche.

Das 1787 errichtete Künneth'sche Haus in Gefrees ist mit seiner reich geschmückten Sandsteinfassade eines der wenigen Beispiele für ein barockes Wohngebäude im Fichtelgebirge.

Mitten im Sechsämterland, etwa auf halbem Weg der Eger zwischen ihrer Quelle und der Landesgrenze, liegt Marktleuthen. Vor der St. Nikolaus-Kirche steht ein massiver Granitbrunnen aus der Biedermeierzeit.

Mit einem Denkmal wird in Pilgramsreuth bei Rehau dem Bauern Hans Rogler gedacht, der um 1650 den Kartoffelanbau im Fichtelgebirge einführte.

Die „Erdäpfel" waren lange das wichtigste Nahrungsmittel, und es bedeutete harte Arbeit, sie im kargen Boden anzubauen.

Wirtshaus, Rathaus und Kirche – dieser Dreiklang erinnert an die gute Vergangenheit von Kirchenlamitz. Die Stadt war ebenso wie Hohenberg, Selb, Thierstein, Weißenstadt und Wunsiedel Sitz eines hohenzollerischen Amtmanns. Die sechs Ämter gaben dem Landstrich den Namen „Sechsämterland".

Die barocke Loreto-Kapelle in Unterlind nennt der Volksmund „Hammerkirche", sie wird an Maria Himmelfahrt gerne besucht.

Der Pilgramsreuther Kartoffelkrieg

*„Auf der Straße nach Hof sagt' ich meinen Primanern,
sie sollten die Bemerkung machen, daß das baireuthische
Voigtland mit mehrerern Produkten ausgesteuert sei,
mit Korn, Hafer, Kartoffeln, einigem Obst
(frischem und getrocknetem) und so weiter;
aber man könnte nicht angeben, wie viel."*

Jean Paul: „Des Rektors Florian Fälbel und
seiner Primaner Reise nach dem Fichtelberg"

Die Wandmalereien im spätromanischen Chorraum
der Kirche St. Peter in Schönbrunn stammen
aus dem 15. Jahrhundert.

Gewissermaßen auf eine heimatkundliche Exkursion schickt Jean Paul eine Gruppe von zwölf Primanern mit ihrem Rektor Florian Fälbel in einer kleinen Satire, die er später seiner Idylle „Quintus Fixlein" anhängen sollte. Fälbels Methode „lehrreicher Schulreisen" nimmt sich eigentlich ungewöhnlich modern für die damalige Zeit aus: befreit vom Mief des Klassenzimmers macht sich der Schulausflug – mit Übernachtungen! – auf den Weg von Hof über Schwarzenbach an der Saale, Kirchenlamitz, Marktleuthen Richtung Fichtelberg, sprich Ochsenkopf. Und immer die Schreibtafel parat, damit die Ergebnisse dieser Frischluftlektionen auch gleich festgehalten werden können.

Einiges erfährt man da vom Leben im Fichtelgebirge zu Ende des 18. Jahrhunderts. Vom Landbau zum Beispiel. Daß die Gegend mit mehreren Produkten ausgesteuert sei, diktiert Fälbel seinen Primanern in die Schiefertafeln, und zählt dann auf: Korn, Hafer, Kartoffeln. Im Jahr 1790 schreibt Jean Paul das. Und da hat in der Tat die Kartoffel schon lang Einzug gehalten im Ackerbau der Fichtelgebirgsbauern. Daß es überhaupt soweit kam, dem war ein Kampf vorausgegangen, ein regelrechter Kartoffelkrieg. Und ausgefochten wurde der, bis er schließlich gerichtsmäßig wurde, in Pilgramsreuth. Heute ist Pilgramsreuth ein Ortsteil von Rehau, das ganz im Norden des Fichtelgebirges liegt. Ehemals aber war es ein kleines Dorf am Fuße des Großen Kornberges, dessen Gründung wohl in die Zeit einer zweiten Rodungs- und Urbarmachungswelle zu Mitte des 12. Jahrhunderts fällt. Dominiert wird das Ortsbild von der gotischen Hallenkirche, die bereits 1308 erstmals urkundlich erwähnt wird. Nahe der Kirche steht eine Bronzeplastik, 1990 wurde sie eingeweiht, ein Bauernehepaar stellt sie dar, sie kniend im Acker, er mit einem Korb und einer Erdäpfelhaue. „Um 1647 begannen in Pilgramsreuth Hans Rogler und andere Bauern systematisch mit dem Feldanbau der Kartoffel", steht am Sockel des Denkmals geschrieben. Das ist eigentlich recht zurückhaltend formuliert.

Man könnte es nämlich auch so sagen: Pilgramsreuth ist, zumindest nach Quellenlage, der erste Ort in Deutschland, in dem systematisch Kartoffelanbau betrieben wurde, und Hans Rogler ist mithin der „deutsche Kartoffelpionier", wie es schon vor Jahren in einem Fernsehfilm des WDR hieß. Nicht der Preußenkönig Friedrich, der „Alte Fritz", hat also per Dekret die Kartoffel nach und nach zum Hauptnahrungsmittel einer jahrhundertelang immer wieder unter fürchterlichen Hungersnöten leidenden Bevölkerung gemacht, sondern ein paar Bauern nahmen die Sache selbst in die Hand. Bekannt war ja die Kartoffelpflanze schon länger. Nach Entdeckung des südamerikanischen Kontinents hatten Seefahrer das Nachtschattengewächs nach Europa gebracht, wo es erst einmal in den botanischen Gärten so mancher Adeliger verschwand. Man bestaunte die eher unscheinbar blühende Pflanze ... und wußte nichts damit anzufangen. Und doch muß es einige gegeben haben, die irgendwie in den Besitz dieser Knolle geraten sind und schließlich, aus schierer Verzweiflung und grenzenlosem Hunger, versuchten, welche Teile der Pflanze man wie zubereitet vielleicht doch essen könnte. Wählerisch war man in diesen Zeiten der absoluten Mangelernährung nun wirklich nicht. Wenn's sein mußte, aß man auch Gras, Wurzeln, Laub.

Manchen aber war das gar nicht recht, daß die Bauern unter der Hand die Kartoffel als Ersatznahrungsmittel einschmuggelten. Mit den größten Schauermärchen versuchten Klerus und Adel, die Bauern vom Verzehr der Kartoffel abzuhalten (sie selbst freilich hatten anderes zu essen!). Besonders erfindungsreich waren – mal wieder – die Pfarrer. Was von den Heiden aus Südamerika komme und nicht einmal in der Bibel Erwähnung finde, könne sowieso nur des Teufels sein, erklärten sie. Syphilis bekomme, wer die aus dem Dunklen, Schmutzigen erwachsende Erdknolle esse.

Doch die Not war stärker als solche Horrorgeschichten. Hie und da werden sie halt doch eine Saatkartoffel in den Boden gesteckt und abgewartet haben, was daraus wird. Erstaunlicherweise wurden aus der einen Knolle mehrere. Von dieser wundersamen Kartoffelvermehrung erzählte der Pfarrer natürlich nichts! Die Bauern machten also weiter. Und zwar meist in ihren kleinen Gärtlein, die nicht wie die Äcker und die Erzeugnisse, die dort wuchsen, von Zehntabgaben betroffen waren. Der eine schaute vom anderen ab, und schließlich florierte der Kartoffelanbau.

Bis es dem Pfarrer von Pilgramsreuth, einem gewissen Johann Matthäus Keppel, zu dumm wurde. Der mußte zusehen, wie mittlerweile die „Erdäpfel" auf den ihm, dem Pfarrer von Pilgramsreuth, zehntpflichtigen Äckern tagewerkweise angebaut wurden ... und gezahlt und abgegeben haben die Bauern trotzdem nichts. Die argumentierten nämlich jetzt genauso wie die geistlichen Herren mit der Bibel, in der die Kartoffel nicht vorkomme. In den Zehntlisten wurde sie von alters her, weil unbekannt, auch nicht aufgeführt. Also müsse man auch keine Abgaben für deren Anbau zahlen. Ganz schön bauernschlau, würde ich sagen!

Der Streit eskalierte, es kam schließlich zu einer Gerichtsverhandlung vor dem Landrichter in Hof, ein erstes Verfahren fand 1694 statt, ein zweites – die Bauern blieben anscheinend renitent – 1698. Zeugen wurden einvernommen, vier alte Männer aus Pilgramsreuth, die sich vielleicht noch erinnern konnten, wie das war damals, als es losging mit dem Kartoffelanbau in ihrem Dorf. Einer der Zeugen sagte aus: „Er wisse gar wohl, daß Hans Rogler, mit dem er ehedessen gedroschen, die ersten Erdäpfel von Roßbach dahin [nach Pilgramsreuth nämlich; Anm.] gebracht und nach demselben immer ein Bauer nach dem anderen Erdäpfel gepflanzet und wäre es immer weiter gekommen."

Und so also ist der Name Hans Rogler überliefert. Der Heimatforscher Max Wirsing, der diesem Kartoffelkrieg genau nachgegangen ist, konnte nachweisen, daß Rogler in Pilgramsreuth ansässig war und dort einen Hof bewirtschaftete. Von daher also steht das Denkmal bei der Pilgramsreuther Kirche dort völlig zu recht. Max Wirsing kommt zu dem Ergebnis: „Hans Rogler aus Pilgramsreuth, der um 1647 hier mit dem systematischen Anbau der Kartoffel begann, und seine Mitgenossen, die ihm nach und nach in der Anpflanzung folgten, haben gegen ständigen Widerstand und Anbauverbot ihrer kirchlichen und weltlichen Obrigkeit der neuen Kulturpflanze zur weit überregionalen Verbreitung verholfen."

Der Streit vor dem Landrichter endete schließlich mit einem Vergleich. Ein Teil der mit Kartoffeln angebauten Ackerzeilen sollte, gewissermaßen für den Hausverbrauch, ohne Zehntabgaben bleiben. Doch die Zwistigkeiten schwelten noch Generationen weiter. Obwohl schon längst durch eine markgräfliche Verordnung festgelegt worden war, daß auch auf Kartoffeln wie auf Getreide der Zehnt zu zahlen sei, weigerten sich die Pilgramsreuther Bauern noch Ende des 18. Jahrhunderts, dem auch nachzukommen. Sie hatten die Erdäpfel als Nahrungsgrundlage entdeckt, sie hatten damit ihre Hungersnot gemildert, anscheinend waren sie der Meinung, nun nicht auch noch mittels Abgaben dafür bestraft werden zu sollen.

Seitdem also ißt man im Fichtelgebirge Kartoffeln. Als der evangelische Theologe Johann Michael Füssel knapp hundert Jahre später – also zur selben Zeit, als Jean Pauls Schülerexkursion über die Flure zieht – das Fichtelgebirge bereist, kann er beispielsweise in Weißenstadt folgende Beobachtung machen: „Der Boden ist sandig, aber gut gedüngt und bearbeitet. Obst gibt es sehr wenig, dafür desto mehr Getreide und ganz vortreffliche Kartoffeln, die nicht so schmierig und wässrig sind wie die unsrigen, sondern gelblich und mehlig aussehen. Wir aßen noch einige vom vorigen Jahr; sie waren so gut, daß wir noch nie dergleichen gekostet hatten. Nun wundere ich mich nicht mehr, wenn die Sechsämterer sie an manchen Tagen dreimal essen, und wenn, wie der Schriftsteller Friedrich Nicolai sagt, der Berliner Bürger beim Anblick eines schönen Erdapfels ausrufen kann: ‚Welch ein Leckerbissen!'".

Südlich von Wunsiedel erhebt sich der Katharinenberg. Auf ihm steht eindrucksvoll die Ruine der ehemaligen Wallfahrtskirche, die nach der Reformation dem Verfall preisgegeben wurde.

Im Hochtal des Weißen Mains zwischen Schneeberg und Ochsenkopf liegt der Fremdenverkehrsort Bischofsgrün mit seinen beiden Pfarrkirchen.

Wirkungsvoll fügt sich die neugotische Kirche St. Peter und Paul der Textilstadt Münchberg über dem Pulschnitztal in die Berglandschaft ein. Sechsmal brannte die Kirche in ihrer Geschichte ab.

Ein Steinkreuz in Schönlind bei Wunsiedel, seine Bedeutung ist unbekannt.

Der „Brunnenwastl" in Schlottenhof, ein Denkmal für einen treuen Knecht.

Ein Bildstock bei Fichtelberg, als Ausdruck bäuerlicher Frömmigkeit.

Der Sage nach ruhte auf dem „Herrgottstein" bei Hendelhammer der Herr.

Nahe der Königsheide, am Westrand des Gebirges, glitzern die beiden Spitztürme der früheren Wehrkirche „Unserer Lieben Frau" von Nemmersdorf im abendlichen Gegenlicht.

Der von einem Goldkronacher Schreiner geschnitzte Kanzelaltar von 1708 und die umlaufenden Emporen sind Kennzeichen der barocken Markgrafenkirche Hl. Dreifaltigkeit in Warmensteinach.

Die alte Thiersheimer Hallenkirche St. Ägidius wurde seit romanischer Zeit mehrfach erweitert, trotzdem passen die einzelnen Bauteile aus den verschiedenen Epochen gut zusammen.

Alexander von Humboldt beschäftigte sich im früheren Alaunbergwerk bei Bad Berneck mit der Verbesserung von Grubenlampen.

Eisenerz und Zinnseifen

*„‚Wenn du gestorben bist: so sterb' ich auch mit,
und wir kommen in den Himmel' (womit er
die Oberfläche der Erde meinte) – ‚da ists
recht hübsch und prächtig.'"*

Jean Paul: „Die unsichtbare Loge"

Ein Glasfenster in der Fichtelberger Bergamtskirche
erinnert an den längst vergangenen Bergbau.

Ist das im Grunde nicht eine ungeheuer perfide Idee, ein Kind, gleich nach der Geburt, in ein unterirdisches Versteck zu bringen, es dort acht Jahre lang festzuhalten, ihm einen liebevollen Hauslehrer an die Seite zu geben, der diesem nie das Sonnenlicht erblickenden Menschen-Engerling unter anderem beibringt: Du wirst eines Tages sterben (natürlich nicht wirklich), und dann wirst du in eine neue Welt kommen (auf die oberirdische nämlich), sie kommt dir dann vor wie der Himmel, „da brennt man am Tage kein Licht an, sondern eines so groß wie mein Kopf steht in der Luft über dir und geht alle Tage schön um dich herum – die Stubendecke ist blau und so hoch, daß sie kein Mensch erlangen kann auf tausend Leitern – und der Fußboden ist weich und grün [...] – im Himmel ist alles voll Seliger".

Jean Paul, Vater zweier Töchter und eines Sohnes, hat sich viele Gedanken gemacht über das richtige Umgehen mit Kindern, hat auch manches dazu veröffentlicht, sein Buch „Levana oder Erziehlehre" zum Beispiel, aber diese radikale Pädagogik einer unterirdischen Menschenerziehung, die einem die Welt „da droben" umso seliger erscheinen lassen soll, ist schon besonders kraß (sie eröffnet den ersten großen, mit 28 Jahren geschriebenen Roman Jean Pauls, „Die unsichtbare Loge"). Wie kann man nur auf so etwas kommen? Mittlerweile habe ich eine Idee dazu.

Jean Paul wird, denke ich mir, irgendwann einmal mit einem fichtelgebirglerischen Bergmann gesprochen haben. Das Fichtelgebirge war nämlich seit dem Mittelalter eine florierende Bergbauregion. Die Menschen, die dort gearbeitet haben, hatten im Grunde ein Schicksal wie jener unterirdisch erzogene Gustav, der Held aus Jean Pauls Roman. Nahezu ihr gesamtes Leben spielte sich unter Tage ab. Man muß sich das einmal vorstellen: Im Mittelalter schickte man bereits Zwölf-, Dreizehnjährige zur Arbeit in die Gruben. In zwei Schichten zu je acht Stunden wurde dort gehämmert und gemeißelt, Gestein geschleppt und Grubenhunde durch die engen Stollen gezerrt. Der dickste Grubenhund aber kommt erst noch: die beiden Schichten mußten hintereinander abgeleistet werden. Das bedeutete 16 Stunden dieser ungeheuren Plackerei am Stück! Mit anderen Worten: Wenn man in die Grube einfuhr, sehr, sehr früh morgens, war es noch dunkel, wenn man aus ihr ausfuhr auch schon wieder. Wann haben diese Menschen überhaupt einmal das Sonnenlicht gesehen, die kopfgroße Leuchte am blauen Himmel? Wann haben sie den weichen, grünen Grasboden gespürt? Sicher nicht sehr oft in ihrem Leben. Das der Bergleute war sowieso in der Regel ziemlich kurz. Die meisten von ihnen starben Mitte dreißig an Staublunge.

Einen lebendigen Eindruck von all dem bekommt jeder, der einmal in das Besucherbergwerk „Gleißingerfels" am Ochsenkopf eingefahren ist. Dank einer Privatinitiative vierer Enthusiasten aus den Ortschaften Neubau und Fichtelberg, die 1971 in vielen – meist nächtlichen – Expeditionen das unterirdische Stollenlabyrinth erforschten, konnte ein Teil der Grubenanlage, in der seit Anfang des 15. Jahrhunderts Eisenerz abgebaut wurde, wieder für die Öffentlichkeit zugänglich gemacht werden. Hier kann man nun hautnah nacherleben, was es bedeutete, mehrere hundert Meter Schächte und Stollen mit der Hand aus dem harten Granit des Ochsenkopf-Bergstocks herauszuschlagen ... hautnah im wörtlichen Sinne, denn manchmal sind die Stollen so eng, daß man sich nur mit Mühe hindurchzwängen kann.

Wir stehen vor einem Schacht, 30 Meter führt er in die Tiefe, mit einer handbetriebenen Seilwinde wurde hier der Abraum in Kübeln hochgezogen. Was wir glauben, fragt uns die junge Frau, die an diesem Novembertag eine der letzten Führungen vor dem Winter durch das Bergwerk macht, mit welcher Tagesleistung dieser Schacht in die Tiefe getrieben wurde, wie schnell man da vorankam? Sechs bis zehn Zentimeter am Tag! Auf diese mühsame Art und Weise grub man sich 30 Meter in die Tiefe, das heißt zirka ein Jahr Hämmern, Meißeln, Klopfen nur für die Anlage dieses Schachtes. Und damit war noch kein Gramm Eisenerz gewonnen. Das kam erst, wenn die Stollen seitlich in die Erzgänge getrieben wurden.

Jetzt ist hier alles schön ausgeleuchtet, elektrisch, und eine batteriebetriebene Grubenlampe am Helm hat jeder Besucher auch noch dabei. Aber damals, im Mittelalter, als es nur Öllampen gab, die rußten, was muß da für ein ‚Klima' im Inneren des Bergs geherrscht haben? Die verbrauchte Luft, der ständige Staub, das Hallen der Hammerschläge in der von Funzeln nur spärlich erleuchteten Finsternis. Eine im wahrsten Sinne des Wortes mörderische Arbeit. Und dennoch drängten sich die Menschen darum, in den Berg einfahren zu dürfen. Es wurde nämlich gut bezahlt. Und die Bergleute waren die ersten, die so etwas wie eine Rentenversicherung erfanden: Aus Abgaben, die jeder zahlen mußte, dem sogenannten „Büchsenpfennig", wurden die meist früh verwitweten Ehefrauen der Bergwerksmänner unterstützt.

Wohl dem, der an frischer Luft und unter freiem Himmel arbeiten konnte, auch wenn das oft nicht weniger anstrengende Knochenarbeit war. Der Bergbau im Fichtelgebirge hatte einstmals viele Facetten. Die Spuren davon kann der Laie oft schon gar nicht mehr finden. Aber dafür gibt es ja unermüdliche Forscher aus privater Passion, die nicht eher ruhen, bis sie Licht in das Dunkel der Heimatgeschichte gebracht haben. Der mittlerweile pensionierte Rudolf Thiem ist so jemand. Einer seiner Lieblingssätze lautet: „Da komm ich schon noch dahinter." Und dann meint er meist irgendeine Detailfrage, die zum Beispiel mit dem Gebiet des Fuchsbaus zu tun hat, ein im Grunde eng umgrenztes Areal am Wolfstein östlich des Schneebergs, wo man gleich dreierlei Formen des Abbaus natürlicher Bodenschätze finden kann. Alle drei sind sie mittlerweile eingestellt und nur mehr Historie.

Am längsten betrieben wurden die Granitsteinbrüche, bis 1977 nämlich, ihre Spuren findet man noch relativ leicht. Am Fuße der steilen Wände, aus denen die Granitblöcke herausgesprengt wurden, haben sich mittlerweile kleine Seen gebildet, eigenartig, das stille Bild, das sich jetzt bietet an einem Ort, an dem es früher einmal geschäftig und laut zugegangen sein muß. Mit Ochsenfuhrwerken brachte man die Granitblöcke über die „Fuchsbaustraße" hinunter nach Tröstau in die Steinmetzbetriebe.

Kaum mehr zu finden dagegen sind die mittlerweile zugeschütteten Schachtöffnungen, die man probeweise in den 50er Jahren in der Nähe des Fuchsbaus und am Rudolfstein gebohrt hatte, glaubte man doch, dort Uran zu finden. Der Versuch wurde allerdings bald wieder abgebrochen. Drei Jahrhunderte lang dagegen baute man im Hochtal zwischen Platte, Seehügel und Wolfstein ein Metall ab, das in der Legierung mit Eisen jenes weißliche Blech ergab, mit dem früher zum Beispiel in Weißenstadt die meisten Hausdächer eingedeckt waren. Die Rede ist von Zinn.

Nicht unweit der Granitsteinbrüche am Fuchsbau findet man den Zinnschützweiher, einer von mehreren künstlich angelegten Weihern, die man für diese besondere Art des Zinnabbaus brauchte. Der geschah nämlich über Tage in einem Auswaschverfahren. Die sogenannten „Seifen", kleine Zinngraupen, wurden durch Verwitterung aus dem Granit gelöst und durch natürliche Rinnsale und den Regen über den Gehängeschutt beispielsweise des Waldsteins verteilt. Diesen Schutt schlug man mit sogenannten „Breithauen" in einen wasserführenden Graben ab ... dafür brauchte man die künstlichen Weiher, denn Wasser mußte in ausreichendem Maße zur Verfügung stehen, auch um eine gewisse Fließgeschwindigkeit zu erreichen. Denn nur so wuschen sich dann die Zinngraupen aus und blieben nach Abstellen des Wassers im Graben zurück.

„Die Zinnkörner sind größtentheils so fein mit dem gelblichen Erdreich vermischt, daß man sie mit dem bloßen Auge nicht herausfinden kann", schreibt Kammerherr von Knebel 1785, da war er nämlich mit einem berühmten Begleiter auf einer Wanderung unterwegs Richtung Ochsenkopf. Es war Johann Wolfgang von Goethe, der, geologisch allseits interessiert, von dieser Zinnseifenwäsche fasziniert war. Alles ließ er sich ganz genau zeigen und erklären. Doch das war nur ein interessantes Erlebnis seiner Fichtelgebirgsreise, von der im nächsten Kapitel gleich noch ausführlicher die Rede sein soll.

Im Windpark bei Stemmasgrün wird auf der Hochebene auch der „böhmische Wind" zur Erzeugung von umweltfreundlicher elektrischer Energie genützt.

Gewaltige Wolken aus Wasserdampf steigen an einem frischen Septembermorgen aus den Kühltürmen des Arzberger Kraftwerks.

Der Kösseinegranit ist wegen seiner einmaligen blauen Färbung berühmt und immer noch begehrt, er wird in riesigen Blöcken bei Schurbach aus dem Berg gebrochen.

Der Steinmetz gestaltet kleine Kunstwerke aus Granit.

Mit sicherer Hand verziert der Glasschleifer Bleikristallvasen.

Der Glasperlenmacher stellt „Paterln" für kunsthandwerklichen Schmuck her.

Ein Granitblock wird mit einzelnen Keilen genau gespalten.

An der Wunsiedler Steinfachschule steht der „Mutter Erde"-Brunnen, gefertigt aus heimischem Marmor.

Zwischen Gefrees und Bad Berneck thront reizvoll auf einem Felsvorsprung das ehemalige Schloß Stein über dem Ölschnitztal.

Eine böhmische Exklave und Goethes Theorien

*„In Berneck übernachteten sie zwischen den hohen Brückenpfeilern
von Bergen, zwischen welchen sonst die Meere schossen, die unsere Kugel
mit Gefilden überzogen haben. Die Zeit und die Natur ruhten groß
und allmächtig nebeneinander auf den Grenzen ihrer zwei Reiche –
zwischen steilen, hohen Gedächtnissäulen der Schöpfung,
zwischen festen Bergen zerbröckelten die leeren Bergschlösser,
und um runde grünende Hügel lagen Felsen-Barren und Stein-Schollen,
gleichsam die zerschlagenen Gesetztafeln der ersten Erdenbildung."*

*Jean Paul: „Blumen-, Frucht- und Dornenstücke oder Ehestand, Tod und Hochzeit
des Armenadvokaten Firmian Stanislaus Siebenkäs"*

Der Teufelstisch und das Rote Schloß gelten als Wahrzeichen des Großen Waldsteins.

Die Gipfel des Fichtelgebirges mit ihrem „Felsgewühl", wie der Berliner Franz Fritze das genannt hat, boten sich natürlich auch als ideale Standorte für so manchen Landesherrn an, hier seinen Herrschersitz zu errichten. So kommt es, daß im Fichtelgebirge noch heute einige Burgruinen zu besichtigen sind, die von der Blütezeit dieser Gegend während des Mittelalters erzählen. Da der Bau von Burgen immer auch mit der Sicherung von Handelswegen zu tun hatte, läßt sich erahnen, welcher Warenaustausch gerade hier im Grenzgebiet zwischen dem „Reichsgut" Fichtelgebirge und Böhmen stattgefunden haben muß. Im Grunde gehen diese Handelswege auf sehr weit zurückreichende (keltische?) „Altstraßen" zurück, ein Lieblingsthema übrigens von Rudolf Thiem. Der sagt, „Altstraßenforschung" sei besonders schön und schwierig zugleich. Schwierig wegen der äußerst dürftigen Quellenlage, schön, „weil man sich sein Wissen größtenteils erwandern muß".

Aber noch einmal zurück zu den Burgen. Sie dienten natürlich auch als Bollwerke gegen Osten hin und die dort, wie man glaubte, allzeit lauernde „slawische Gefahr". Schließlich waren es ja auch die aus dem böhmischen Raum kommenden Hussiten, die viele dieser Adelssitze um 1430 herum zerstörten, ob das nun die – noch heute in ihren Resten höchst imposante – Burganlage auf dem Waldstein war, eine von mehreren Besitzungen des Sparneck-Geschlechts, oder Burg Thierstein, die allerdings nach den Hussitenstürmen wieder hergerichtet und genutzt wurde und für alle Bewohner des Sechsämterlandes im Verteidigungsfall Sammelplatz war, wo die zentral aufbewahrten Waffen ausgegeben wurden.

Doch damit nun kein falscher Eindruck entsteht: die Nachbarschaft zu Böhmen bestand keineswegs nur aus kriegerischen Überfällen und Brandschatzungen. Im Gegenteil, in der fichtelgebirglerischen Historie gibt es da sogar ein interessantes Kuriosum. Die Stadt Marktredwitz nämlich war fünf Jahrhunderte lang böhmisch, obwohl sie überhaupt nie in Böhmen lag. Ursprünglich ein Lehen des Klosters Waldsassen, mußte sie der Abt Franz Kübel 1340 an die Stadt Eger verkaufen, um seine Schulden zu decken. Die freie Reichsstadt Eger ihrerseits war früher schon dem böhmischen König Johann als Pfand versprochen worden, wenn er Ludwig dem Bayern in seinem Machtkampf um die deutsche Kaiserkrone gegen den Habsburger Friedrich den Schönen beistehen würde.

1313 kam es zur Entscheidungsschlacht bei Gammelsdorf in Niederbayern. Ludwig gewann, und Eger sowie später die Exklave Redwitz waren fällig, nämlich als Abtretung in Form einer Verpfändung an König Johann. So wurde ein Häufchen Untertanen mitten im Fichtelgebirge auf einmal böhmisch. Und dann sogar noch habsburgerisch, 1722, als Böhmen an das österreichische k.u.k.-Reich fiel. Ja, aufs End' naus wäre man vielleicht sogar noch tschechisch geworden, 1918, aber da gehörte man schon nicht mehr zu Eger, war man doch 1816 im Zuge der Neuordnung des Wiener Kongresses eingetauscht worden. Vils in Tirol, vormals bayerisch, wurde österreichisch, und die Marktredwitzer waren plötzlich Untertanen von Max I., bayerischer König seit 1806.

„Vom 13. Jahrhundert an ist das Städtchen Redwitz eine wahrhafte Republik San Marino, nur um ein Gutes besser gelegen, von der Natur begabter. [...] Jetzt in das Königreich Bayern verschmolzen, müssen sie nach und nach andere Wege einschlagen und sich in ein großes Ganzes schicken lernen."

So sah es Johann Wolfgang von Goethe, der sich nur wenige Jahre nach der Bayrisch-Werdung Marktredwitz' in dem Ort aufhielt. Seine besondere politische Geschichte scheint auch den Geheimrat interessiert zu haben. Ansonsten aber war sein Interesse am Fichtelgebirge, das er insgesamt dreimal besuchte, eher ein anderes. Der umfassend interessierte Naturforscher hoffte, hier vor allem seine geologischen und pflanzenkundlichen Forschungen vorantreiben zu können. Kurz vor seiner ersten Reise ins Fichtelgebirge, die ins Jahr 1785 fällt, Goethe war zu diesem Zeitpunkt 35 Jahre alt, hatte er für sich sowie Frau von Stein je ein

Mikroskop gekauft, so sehr war er in der Zwischenzeit vom botanischen Forscherdrang angesteckt worden. Als seine stets etwas kränkelnde Seelenfreundin im Juni überraschend zu einem Kuraufenthalt nach Karlsbad verschwand, entschloß sich Goethe ebenso rasch, ihr nachzureisen. Kammerherr Karl Ludwig von Knebel, der lebenslange Freund, der Goethe überhaupt erst mit Herzog Karl August bekannt gemacht und an den Weimarer Hof gebracht hatte, mußte mitkommen.

So war das damals (zumindest in höfischen Kreisen, zu denen Goethe als Fürstenberater ja mittlerweile gehörte): Von einem Tag auf den anderen schmiß man seine ganze ‚Terminplanung' über den Haufen und brach auf zu wochenlangen Forschungsreisen! Auf dem Weg nach Wunsiedel und dann weiter nach Karlsbad traf man einen jungen Studenten, Sohn eines berühmten Botanikers aus Thüringen, der eifrig mit seiner Botanisiertrommel unterwegs war, den nahm man auch gleich noch mit, stante pede. In Wunsiedel angelangt, wo man im Gasthof „Zum Goldenen Einhorn" logierte, faßte man den Plan, den Ochsenkopf zu besteigen. Der junge Friedrich Gottlieb Dietrich war eine willkommene Begleitung: Auch ohne Mikroskop konnte er dem Geheimrat so ziemlich alle Pflanzen, die sie während ihrer Ochsenkopftour fanden, auseinandergliedern und in das botanische Ordnungssystem des Schweden Carl von Linné einordnen. Geheimrat war sprachlos!

Von Wunsiedel bis zum Ochsenkopf und wieder retour ... so sah die wahrlich bemerkenswerte Tagestour aus, zu der die drei Wanderer am 1. Juli 1785 aufbrachen. Nach drei Stunden Weges trafen sie am Seehügel auf eine Stelle, wo sie die bereits beschriebene Zinnseifenwäsche beobachten konnten. Bis ins Jahr 1805 wurde am Seehügel noch Zinn abgebaut, das heute vom Fichtelgebirgsverein als Brotzeitstation und Unterkunft genutzte „Seehaus" steht genau an der Stelle, wo früher das hölzerne Zechenhaus der Zinnwäscher stand. Dort findet man heute auch eine Erinnerungstafel an Goethes Aufenthalt im Fichtelgebirge.

Die Tage im Juli 1785 waren, wie gesagt, lediglich der erste von drei Besuchen, die Goethe der Region um Wunsiedel und Marktredwitz abstattete. Allerdings sollte es ganze 35 Jahre dauern, ehe der Geheimrat wieder Gelegenheit fand, ins Fichtelgebirge zu kommen. Diesmal war es vor allem das Felsenlabyrinth der Luisenburg, das den mittlerweile Siebzigjährigen besonders interessierte. 1785 hatte er das „Felsengewirr" ebenfalls schon kurz ... ja, er schreibt selbst, „mühsam durchkrochen", doch scheußliches Regenwetter und der teilweise mühsame Durchschlupf durch das Labyrinth hatten ihn die Exkursion bald wieder abbrechen lassen.

35 Jahre später sah das alles schon ganz anders aus. Aus der Luxburg war die Luisenburg geworden ... zwischenzeitlich hatten Preußenkönig Friedrich Wilhelm III. und Gattin Luise Alexandersbad und die Luxburg mit ihrer Anwesenheit beehrt, daher der Namenswechsel. Außerdem hatte man das Felsenlabyrinth mit Treppen und gesicherten Wegen erschlossen, die Begehung war nun viel weniger strapaziös. Als Friedrich Nietzsche 1863 die Luisenburg besuchte, fand er „Durchbrüche, Schlünde, Brücken, Leitern".

Goethe besah sich das Felsgewirr noch einmal eingehend ... und stellte dann auch seine eigene Theorie darüber auf, wie dieses seltene Naturschauspiel entstanden sein könnte. Eine der vorherrschenden Meinungen damals war, gigantische Vulkanausbrüche hätten die Felsbrocken so hergeschleudert, wie sie nun dalägen. Goethe, der in seiner ganzen Weltanschauung alles Gewaltsame, Umstürzlerische und Eruptive eher gefühlsmäßig ablehnte, wollte auch für diesen Vorgang nur allzu gerne eine harmonischere Erklärung finden: langsame Verwitterung, so seine Theorie, höhlte das Gestein aus und ließ es teilweise so bizarr ineinanderstürzen. Goethes „Abscheu vor gewaltsamen Erklärungen" und ein „ruhiger Blick", wie er selbst in seiner späten Schrift „Abhandlungen über die Naturwissenschaft" schrieb, ließen ihn die heute allgemein anerkannte Erklärung finden.

Wappen der Familie von Müller am Hammerhaus in Leupoldsdorf.

Allianzwappen am Gasthof „Goldener Löwe" in Marktredwitz.

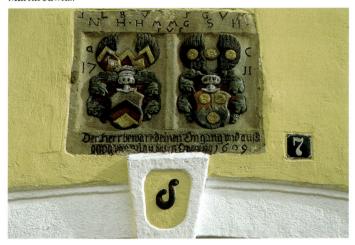

Die Enthauptung Johannes des Täufers am Schwarzenbacher Schloß.

Wappen der Eheleute von Lindenfels am Herrensitz Leisau bei Goldkronach.

Hoch über dem Tal der Sächsischen Saale verbirgt sich im dichten Wald bei Weißdorf die Ruine der vor 400 Jahren zerstörten sparneckischen Burg Uprode.

Weithin sichtbar steht auf einem Basaltfelsen die Burgruine Thierstein, sie überragt den Ort mit der Kirche St. Georg. In der Burg wurden lange Zeit die Waffen des Sechsämterlandes gelagert, bis sie 1725 wieder einem Brand zum Opfer fiel.

Von dem Jagdschloß des Bayreuther Markgrafen Friedrich in Kaiserhammer läßt nur noch der erhaltene Südflügel die einstige Pracht erahnen. An den dazugehörigen Jagd- und Tiergarten erinnert die Waldabteilung „Rondell".

Auf einer Bergkuppe, 125 Meter über der Eger, wurde um 1300 die Burg Hohenberg zur Sicherung des Passes von Schirnding gebaut. Sie überstand die Jahrhunderte besser als alle anderen Burgen des Fichtelgebirges.

Die Herren von Schirnding erbauten 1561 das Renaissanceschloß in Röthenbach.

Um 1600 wurde das Wasserschloß in Weißdorf von Melchior von Tettau wieder errichtet.

Der Gutshof in Göpfersgrün zeugt von der Wohlhabenheit der ehemaligen Besitzer.

Den Landadelssitz in Schwarzenreuth bewohnte das Geschlecht der Hirschberger.

Besonders stimmungsvoll zeigt sich im Herbst das zur Barockzeit erbaute Schloß Sophienreuth bei Schönwald.

Die älteste und wohl eine der schönsten Naturbühnen Deutschlands auf der Luisenburg bei Wunsiedel.

Theaterspiel im Felsengewirr

*"Womit wird dieses Buch noch enden? –
mit einer Träne oder einem Jauchzen?"*

Jean Paul: „Titan"

Am Samstag vor Johanni erinnern die Wunsiedler
mit dem Brunnenfest an die einst versiegten Brunnen
in der Stadt.

"Dort begehen nun die Wunsiedlischen Musensöhne unter einer dicken Buche alljährlich das Margaretenfest mit allerlei Freud und Kurzweil", heißt es bei Magister Johann Will in seinem 1692 erschienenen „Teutschen Paradeiß", und mit dem „dort" meinte er aller Wahrscheinlichkeit nach den Platz beim sogenannten „Abfall- oder Nymphenbrunnen" im unteren Teil des Felsenlabyrinths der Luisenburg. Mit dieser Erwähnung haben wir den quellenmäßigen Beleg dafür, daß auf der Luxburg schon vor über 300 Jahren Theater gespielt wurde. Die „Bühnen", wenn man so will, allerdings wechselten, insgesamt sieben Spielorte listet Rainer H. Schmeissner in seiner Veröffentlichung zur „Luisenburg" auf, die in der Heftreihe „Beiträge zur Geschichts- und Landeskunde des Fichtelgebirges" erschienen ist ... für alle, die sich näher mit der Lokalgeschichte befassen wollen, übrigens eine höchst ergiebige Fundgrube, diese Heftreihe.

Am Margaretenstein zum Beispiel wurde bis zum Ende des 18. Jahrhunderts regelmäßig das beliebte Margaretenfest gefeiert ... Wilhelm Heinrich Wackenroder und Ludwig Tieck wurden Zeugen einer solchen Aufführung, als sie 1793 ihre Fichtelgebirgsreise machten. „Auf einem großen platten Granitstück", schreibt Wackenroder, „waren ehemals, einer Stiftung gemäß, jährlich von den Gymnasiasten in Wunsiedel, Schäferaktus und andre Komödien aufgeführt; die Zuhörer hatten rund herum auf Felsensteinen, unter freiem Himmel gesessen."

Nicht zuletzt der Kurgäste aus Alexandersbad wegen, die gerne zur Luisenburg herüberspazierten, war man zunehmend um eine „touristische" Erschließung des gesamten Areals bemüht. Ein Wunsiedler Honoratiorenkreis um den Bürgermeister und Stadtarzt Dr. Johann Georg Schmidt nahm die Sache ab 1790 in die Hand, das von Goethe noch als grauenerweckende Wildnis beschriebene Felsenlabyrinth wurde gewissermaßen domestiziert: Man sprengte an manchen Stellen Granitblöcke entzwei, um Fußwege freizumachen, man legte Sümpfe trocken, man schuf Aussichtspunkte, baute Lauben und Rotunden.

Nicht mehr Wildnis, sondern „Beethovensche Musik in Stein", das war zum Beispiel der Eindruck, den Karl Immermann während seiner „Fränkischen Reise" vom Felsenlabyrinth gewann. Gekrönt wurde diese Luxburg-Umgestaltung vom bereits erwähnten Besuch des preußischen Königspaares. Anläßlich der großen Feierlichkeit wurde auch ein „Wechselgesang von Oreaden und Najaden" dargeboten, den der zu dieser Zeit, 1805, schon deutschlandweit berühmte Dichter aus Wunsiedel geschrieben hatte ... kein anderer natürlich als Jean Paul!

Und man spielte weiterhin Theater. Langsam kristallisierte sich der Maximiliansplatz als idealer Spielort heraus. Dort wurde auch 1890 das „Losburg Festspiel" des Wunsiedler Lehrers Ludwig Hacker aufgeführt, das sich mit verschiedenen Sagenmotiven, die sich um den Lux- oder auch Losberg ranken, befaßte. Damit waren endgültig die Festspiele im Felsenlabyrinth der Luisenburg populär gemacht. Schon damals konnten zirka 1000 Festspielbesucher den Aufführungen folgen, allerdings mußten sich 300 noch mit Stehplätzen begnügen. 1912 wurde dann eine erste gemauerte Zuschauertribüne errichtet. Zwei Jahre später begann dann das, was seither zu einer enormen Erfolgsstory wurde: die Luisenburg-Festspiele mit festem Spielplan und engagierten Profi-Schauspielern. In ganz Deutschland sind sie mittlerweile bekannt, und die Karten zu einer der Aufführungen, die jedes Jahr zwischen Juni und August stattfinden, sind heiß begehrt. Waren es am Anfang noch die gängigen Klassiker-Stücke von Goethe, Schiller und Shakespeare, wagt man sich mittlerweile längst auch an modernere Stoffe. Samuel Becketts „Warten auf Godot" wurde bereits auf der ungemein eindrucksvollen Freilichtbühne mit der naturechten Farn-, Fels- und Baumkulisse aufgeführt. Und dieses Jahr, 2000, bringt man eine Dramatisierung von Umberto Ecos „Name der Rose" auf den Spielplan. Längst hat man eine amphitheater-förmige Zuschauertribüne, die auch komplett überdacht ist.

Wer es schafft, eine Karte für eine Aufführung um den 24. Juni herum zu ergattern, der kommt auch gleich noch in den Genuß einer weiteren Wunsiedler Festivität, die einigen Bekanntheitsgrad hat. Denn jeweils an dem Samstag, der dem Johanni-Tag vorausgeht, findet bei Einbruch der Dunkelheit alljährlich in der Altstadt das Brunnenfest statt. Dann bewegt sich ein Zug von Sängern, Musikanten, Zuschauern und „Zaungästen" durch Wunsiedels Straßen und zwar unter anderem vom Marktplatzbrunnen über den Jean-Paul-Brunnen, den Koppetentorbrunnen bis zum Brunnen in der Sigmund-Wann-Straße. Jeder der über 30 Brunnen ist die Tage zuvor aufwendig geschmückt worden, mit Blumen, Lampen und Kerzen.

Man sagt, das Brunnenfest gehe auf eine alte Überlieferung zurück, wonach die lebenswichtigen Wasserspender während eines heißen Sommers plötzlich versiegt seien. Als nach tagelangem Dursten bei Mensch und Tier die Brunnen plötzlich wieder sprudelten, habe man sie aus Freude und Dank mit Blumen geschmückt. Die über Quellen wachenden Geister gilt es ja immer irgendwie gnädig zu stimmen, und so ist man halt bei dem Brauch geblieben, bei der Wunsiedler Wasser-„Prozession" auch heute noch jedem Brunnen, der weiterhin lustig vor sich hinplätschert, gewissermaßen ein Ständchen zu bringen.

Ich hoffe, es sind nun mehr als genügend Gründe aufgezählt, warum man dem Fichtelgebirge unbedingt einmal einen Besuch abstatten sollte. Und so möge dieser Band – eingedenk des leider letzten Jean-Paul-Mottos zu Kapitelanfang – sowohl mit einer Träne enden (weil nämlich dies Buch nun zu Ende geht) als auch mit einem Jauchzen, denn nun kann sie beginnen, die Reise ins Land von Ochsenkopf und Schneeberg. Und eines habe ich dabei noch gar nicht genügend hervorgehoben: daß einem im Fichtelgebirge ein Wanderparadies erwarten wird, viele Kilometer bestens ausgeschilderte Wege, die an all jene Schauplätze des Naturtheaters „Fichtelgebirge" führen, die die letzten 100 Seiten an Ihnen vorbeigeblättert sind. Ja, man könnte übertreibend sagen: Wer es noch nicht kann, der lernt es hier: das Wandern!

„Lieber Europas-Bürger" ... so lautet eine der vielen Anreden, die Jean Paul erfunden hat, um seine Leser direkt anzusprechen, in seinen Vorreden (und sogar „Vorreden zu Vorreden") in seinen Appendices, seinen Billets und Entschuldigungen, ohne die fast keines seiner Bücher beginnen oder enden darf. Und so will ich mir ein letztes Mal ein Wort von ihm borgen und zwar um folgendermaßen zu schließen:

Liebe Mitteleuropas-Bürger, die Ihr nun endlich wieder ins Zentrum eines Kontinents reisen könnt, das jahrzehntelang nicht geographischer Mittelpunkt, sondern Ende einer Welt war wegen dieses absurden Eisernen Vorhangs: Wenn Ihr Lust bekommen haben solltet, das Fichtelgebirge zu besuchen, das wieder ein offenes Tor nach Böhmen hin geworden ist, dann kommt hierher und durchstreift diesen Landstrich so, wie ihn der ideale Wanderer und Spaziergänger durchstreifen sollte. Jean Paul hat das genau beschrieben in der „Unsichtbaren Loge", was ideale Spaziergänger sind. Keine, die ihre mittlerweile neonbunte Kleidung vorführen und austragen, keine „Gelehrten und Fetten", die gehen, „um zu verdauen, was sie schon genossen haben", sondern Menschen, „die unter dem Rauschen und Brausen des tausendzweigigen, dicht eingelaubten Lebensbaums niederknien und mit dem darin wehenden Genius reden wollen, da sie selber nur geregte Blätter daran sind – die den tiefen Tempel der Natur nicht als eine Villa voll Gemälde und Statuen, sondern als eine heilige Stätte der Andacht brauchen – kurz, die nicht bloß mit dem Auge, sondern auch mit dem Herzen spazieren gehen."

Ach ja, und noch etwas, ganz zum Schluß. „Kommt recht fröhlich wieder vor mein künftiges Titelblatt."

Wie an vielen Orten des Fichtelgebirges wird auch in der Altstadt von Marktredwitz mit einem bunt geschmückten Maibaum der Frühling begrüßt ...

... und die Blasmusik spielt dazu zünftig zum alten Brauch des Maibaumaufstellens.

Auf der illuminierten Terrasse vor dem klassizistischen Markgrafenschloß feiert der Kurort Bad Alexandersbad jedes Jahr im August sein romantisches Lichterfest.

Beim malerischen Strandfest im Erholungsort Nagel spiegelt sich in der lauen Sommernacht stimmungsvoll die Pfarrkirche Rosenkranzkönigin im See.

Der „Dietelhof", ein typischer Fichtelgebirgs-Vierseithof von 1790, bildet den besuchenswerten Mittelpunkt des Oberfränkischen Bauernhofmuseums in Kleinlosnitz bei Zell.

Im Tal der Warmen Steinach in Weidenberg dreht sich das Mahlwerk der aus dem 17. Jahrhundert stammenden Scherzenmühle. Eine der wenigen rekonstruierten altdeutschen Getreidemühlen in Bayern.

Das vom Zinnkaufmann Sigmund Wann 1451 gestiftete Spital in Wunsiedel beherbergt heute das regional sehr bedeutende Fichtelgebirgsmuseum.
Der Kammerwagen drückte in früherer Zeit die Wohlhabenheit der Braut aus.

Der alte, fast ausgestorbene Köhlerberuf wird in der Häusellohe bei Selb beim alljährlichen Meilerfest wieder zum Leben erweckt. Überall rauchten früher im Fichtelgebirge die Meiler, sie versorgten die zahlreichen Hammerwerke mit Holzkohle.

Eine Bauernküche mit Schablonenmalerei im Gerätemuseum Bergnersreuth.

Im Bergbauern-Museum Grassemann wird an die früher weit verbreitete Hausweberei erinnert.

In Selb-Plößberg entsteht in der stillgelegten Zeidlerschen Fabrik das Europäische Museum für Industriegeschichte des Porzellans.

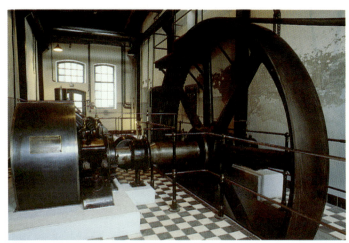

Dampfmaschine und Rundofen geben einen Eindruck von den Anfängen der Porzellanherstellung.

In Hohenberg kann man sich im Museum der Deutschen Porzellanindustrie umfassend über das „Weiße Gold" informieren. 1822 gründete hier Carolus Magnus Hutschenreuther die erste Porzellanfabrik Nordbayerns.

Nebelschwaden steigen nach einer kühlen Nacht über die Landschaft bei Göringsreuth.

Die Bildbände der Reihe „Bayerische Städte und Landschaften" erfassen das Charakteristische der jeweils beschriebenen Stadt oder Region.
Auf ihre besondere Art vermitteln Fotografien und Texte ein Bild von Land und Leuten, von Natur und Kultur. Sowohl Text- wie auch Bildautoren haben zumeist über Jahre hinweg beobachtet und die Eindrücke auf sich wirken lassen. Sie nehmen unkonventionelle Perspektiven ein und lassen außergewöhnliche Aspekte zu. Abseits ausgetrampelter Pfade begeben sie sich auf neue Wege und richten den Blick wieder auf die Nähe und auf die Unverwechselbarkeit.
Rezensionen loben nachdrücklich die „poetischen Texte und die stimmungsvollen Bilder" der Reihe. Der Bayerische Rundfunk nennt sie „einen Auftrag zum Hinsehen". Während sich für die Nürnberger Zeitung „das Zauberhafte der Regionen neu erschließt", ist die Passauer Neue Presse beeindruckt von den „phantastischen Naturstimmungen".

Inhalt

Stille Gipfelschönheit und Winkelwelten im Tal	5
Heilwasser aus Alexandersbad und ein geheimnisvoller See	29
Eine Art von Idylle im Naturalienkabinett	45
Der Pilgramsreuther Kartoffelkrieg	63
Eisenerz und Zinnseifen	75
Eine böhmische Exklave und Goethes Theorien	85
Theaterspiel im Felsengewirr	97

Bei einer Wanderung durch das Fichtelgebirge rasten am Seehaus:
Buchgestalter Günter Moser, Fotograf Manfred Schultes, Textautor Bernhard Setzwein und
Fotograf Gerhard Bayerl (von links).